UN PREMIER MOT

SUR

LA DISGRACE DE M. LEFRANCQ.

UN PREMIER MOT
SUR
LA DISGRACE DE M. LEFRANCQ,
Professeur de Rhétorique
AU COLLÉGE DE CAMBRAI.

Remplacement de M. Lefrancq. — Proposition de M. Lenglet. — Vote du conseil municipal. — Lettre de M. Lefrancq au ministre de l'instruction publique. Appel de l'Echo à l'opinion publique. — Lettre de M. Minangoy. — Réponse de M. Lefrancq. — Incident.

En annonçant dans notre numéro du 24 octobre dernier que M. Lefrancq, professeur de rhétorique de notre collège, venait d'être frappé par la réaction, — nous nous sommes borné à constater l'impression pénible que cette nouvelle avait causée dans toute la ville, — attendant pour nous adresser à l'opinion publique que le conseil municipal se fût prononcé.

En effet, la disgrâce de M. Lefrancq connue, — plusieurs conseillers s'étaient empressés de signer et d'adresser à M. le maire de Cambrai une lettre où ils le priaient de vouloir bien réunir le conseil et le saisir de cette affaire. Une séance était prochaine, — les lettres de convocation étaient déjà distribuées. — M. le Maire promit de joindre à l'ordre du jour de cette séance la demande qui lui était adressée, — en la communiquant au conseil; — mais il n'en fit rien. Etonné de ce silence, un des signataires de la lettre lui en demanda la cause. M. le maire avait cru devoir consulter M. le sous-préfet, qui lui avait répondu par une dépêche, — que le conseil n'était pas en droit de s'occuper de la décision prise à l'égard de M. Lefrancq, — attendu que c'était une affaire purement administrative.

La question soulevée incidemment à propos des prétentions exorbitantes de M. le sous-préfet Villemain donna lieu à des débats orageux et d'une excessive vivacité. MM. les conseillers signataires de la lettre adressée à M. le maire, — indignés de l'espèce d'interdiction dont le conseil était frappé, — voulaient donner leurs démissions. Cette menace a sans doute produit le calme plat qui a présidé à la séance suivante, dans laquelle M. Lenglet proposa la résolution que nous rapportons plus bas.

Le procès-verbal de cette séance, — la seule de la session de novembre, — ne fut lu et approuvé que long-temps après ; aussi n'avons-nous pu en prendre copie que depuis quelques jours ; aussi avons-nous dû différer jusqu'aujourd'hui l'examen de cette déplorable affaire.

Proposition de M. Lenglet à l'occasion de la disgrâce qui a frappé M. Lefrancq, professeur de rhétorique au collège de Cambrai.

SÉANCE DU CONSEIL MUNICIPAL DU 15 NOVEMBRE 1850.

M. Lenglet :

« Messieurs,

» Avant de vous entretenir de la proposition que j'ai à vous faire, je dois vous dire quelques mots sur la cause d'un incident qui a marqué notre dernière séance. Vous comprenez que je veux parler de la dépêche par laquelle M. le sous-préfet défendait de mettre à l'ordre du jour du conseil une proposition faite et signée par plusieurs conseillers municipaux.

» Je reconnais avoir mis quelque vivacité dans les protestations que j'ai fait entendre en cette circonstance ; mais si l'on trouve que mon langage a été amer, et je dois dire que quelques-unes de mes paroles ont été au-delà de ma pensée, qu'on fasse la part de l'indignation qui s'est emparée de moi quand il m'a paru que, sous prétexte de rappeler à l'observation de la loi, on voulait étouffer la voix de l'opprimé et laisser sans réparation possible un acte qui avait à mes yeux tous les caractères d'une horrible injustice.

» J'étais, d'ailleurs, d'autant moins disposé à accueillir avec calme l'étrange interdit de M. le sous-préfet, que dans la même séance, ce même magistrat, qui venait ainsi restreindre, en dépit de la loi, nos attributions, semblait disposé à étendre les siennes outre mesure. En effet, sans respect pour les prérogatives et la dignité de l'autorité municipale, et comme s'il voulait lui infliger un blâme public de ce qu'elle n'aurait pas fait son devoir en prenant l'initiative d'une amélioration matérielle bien urgente, M. le sous-préfet ne venait-il pas de nous proposer, par une autre dépêche officielle, d'ajouter à nos six pompes à incendie une septième pompe, laquelle serait aussi utile, passez-moi le mot, qu'une cinquième roue à un char.

» Les quelques observations que je veux vous présenter au sujet de la lettre de M. le sous-préfet vous paraîtront, j'espère, d'autant moins hors de propos, qu'elles constituent une sorte d'introduction à ma proposition, et peuvent, si je ne me trompe, vous disposer à l'accueillir favorablement. Aux doctrines administratives que M. le sous-préfet a voulu vous imposer, comme règle de conduite, à ces doctrines que je ne crains pas de qualifier d'attentatoires au libre exercice des fonctions que nous ont conférées nos concitoyens et aux prérogatives dont la loi nous a investis, nous devons une réponse.

» La proposition que je vous soumettrai tout-à-l'heure pourrait, si vous l'adoptiez, devenir cette réponse. Elle sera faite en termes calmes et modérés, comme il convient à un corps qui s'appuie sur la loi ; mais, tout indirecte qu'elle sera, elle suffira pour faire comprendre que vous ne voulez donner à personne le droit de douter de votre fermeté à défendre le trésor de nos franchises municipales dont le dépôt vous est confié.

» Je rappelle brièvement les faits pour ceux d'entre vous qui n'en ont pas eu connaissance. Plusieurs conseillers municipaux, étonnés autant qu'affligés de la disgrâce qui venait de frapper M. Lefrancq, professeur de rhétorique de notre collège, adressèrent à M. le maire une lettre par laquelle ils priaient ce magistrat de convoquer le conseil municipal à l'effet de lui proposer d'émettre, s'il le jugeait convenable, le vœu que M. Lefrancq fût maintenu dans son poste. M. le maire demanda à M. le sous-préfet l'autorisation de saisir le conseil de cette affaire, et M. le sous-préfet répondit à cette demande par un refus formel.

» Si M. le sous-préfet s'était contenté d'exprimer simplement un refus sans le motiver, il eût été dans son droit et inattaquable au point de vue de la stricte légalité ; mais ce qui donne un caractère bien grave au refus de ce magistrat, ce sont les considérations par lesquelles il motive ce refus ; s'il a refusé l'autorisation demandée, c'est qu'il s'agit, dit-il, d'une affaire qui n'est pas dans nos attributions.

» Voilà donc la question qu'il s'agit d'examiner et à laquelle le soin de notre dignité nous commande de donner une solution. Ce qu'on ne pourra nier, c'est qu'il est dans nos attributions de voter toutes les sommes nécessaires à l'entretien du collége, et comme les dépenses qui concernent l'enseignement secondaire ne sont pas obligatoires, mais seulement facultatives, il est encore dans nos attributions de modifier, d'augmenter, de diminuer, de supprimer même, si nous le jugeons convenable, tout ou partie du budget collégial, et par conséquent de modifier, d'augmenter, de diminuer, de supprimer aussi les traitements de tels ou tels professeurs, selon que nous le jugeons utile à l'intérêt communal ; n'est-il pas évident que la loi, en nous investissant de pouvoirs si étendus, n'a pas voulu que nous restassions muets si quelque mesure que nous jugerions nuisible à la prospérité de notre collége venait à être prise par l'autorité supérieure ? si surtout, comme il est vrai dans l'espèce, ce que nous pourrons démontrer tout-à-l'heure, la religion de l'autorité supérieure a été surprise par des renseignements erronés ? Oui, le simple bon sens veut qu'une loi qui remet les destinées des colléges communaux aux mains des conseils municipaux, signifie bien qu'ils ont le droit tout au moins d'émettre un vœu, s'ils le jugent nécessaire, pour que les dépenses qu'ils sont appelés à voter pour ces établissements ne restent pas stériles et produisent au contraire les résultats les plus favorables qu'il est possible d'en attendre. Mais nous avons mieux qu'une interprétation qui ressort évidemment de l'esprit et du texte de la loi ; nous avons, pour soutenir nos prétentions, qui sont en vérité bien modestes, l'article 24 de la loi sur les attributions des conseils municipaux, lequel est rédigé en ces termes : « Le conseil municipal peut exprimer son vœu sur tous les objets d'intérêt local. » Eh bien ! qu'avons-nous demandé autre chose ? que voulions-nous, si ce n'est proposer simplement que le conseil municipal usât, en faveur de M. Lefrancq, du droit que lui donne formellement l'article de la loi que je viens de citer ? Ne trouvez-vous pas, messieurs, qu'en motivant son refus comme il l'a fait, M. le sous-préfet n'a pas eu, pour les attributions formelles que nous tenons de la loi, le respect qu'il leur doit, et que le soin de notre dignité, comme corps électif et représentant la cité tout entière, nous fait un devoir de profiter de la présente session pour maintenir les vrais principes qui sauvegardent notre indépendance et nos prérogatives, en délibérant sur l'objet même pour lequel M. le maire a demandé vainement une autorisation à M. le sous-préfet ?

» Messieurs, si j'ai réussi à vous démontrer qu'il est dans nos attributions de délibérer sur tout ce qui intéresse notre collége, et par conséquent sur les nominations et changements des professeurs, mesure capitale d'où peut découler la ruine ou la prospérité de notre premier établissement d'instruction, vous jugerez, j'espère, que vous ne pouvez faire un meilleur usage du droit que vous possédez qu'en intervenant par votre vœu pour que la chaire de rhétorique soit conservée à celui qui l'a occupée avec honneur depuis douze ans.

» Oh ! je ne crains pas de le dire bien haut, quand une ville a eu la bonne fortune d'avoir en son collége un professeur aussi éminemment capable que M. Lefrancq, elle doit faire tout ce qui est en son pouvoir pour le conserver. Il était le plus ferme appui de notre collége ; par la savante profondeur, par la méthodique netteté de son enseignement, il développait rapidement toutes les facultés de ses élèves et il parvenait à maintenir plus élevé le niveau intellectuel de notre jeunesse.

» Après que, pendant dix-huit années, il a ainsi, avec un zèle infatigable, distribué à nos jeunes concitoyens les inappréciables bienfaits d'une solide instruction, on nous l'enlève, on l'envoie à 150 lieues d'ici, dans un tout petit collége de troisième ordre, dans une petite ville où l'on ne parle qu'allemand !

» Quelle faute énorme a donc commise ce fonctionnaire pour être si sévèrement puni ? Le professeur a-t-il donc manqué à quelqu'un de ses devoirs essentiels ? Non, bien loin de là, tous les rapports des inspecteurs-généraux et académiques lui sont on ne peut plus favorables, et, plus d'une fois, quand j'étais maire, j'ai entendu MM. les inspecteurs dire que la ville devait se féliciter de posséder un professeur comme M. Lefrancq, qui, par son rare mérite, avait droit d'être appelé à un poste plus important. Je dois dire en passant que M. Lefrancq n'a jamais demandé d'avancement, parce qu'il tenait, avant tout, à rester à Cambrai.

» Mais enfin, si l'on ne peut rien reprocher au professeur, quels sont donc les motifs de la disgrâce qui le frappe ? Ici, Messieurs, j'arrive sur un terrain brûlant ; et voulant, dans l'intérêt de la cause que je défends, éviter tout ce qui pourrait exciter les passions, je m'abstiens d'en dire davantage.

» Cette extrême réserve ne me coûte pas si vous vous considérez comme suffisamment éclairés pour émettre le simple vœu que je vous demandais à la dernière séance et dont je vais de nouveau vous donner lecture :

« Le conseil municipal, informé que M. Lefrancq, professeur de rhétorique, vient d'être remplacé ;
» Considérant que depuis dix-huit années qu'il est attaché à notre collége M. Lefrancq a rendu de signalés services à cet établissement ; que, pour lui en témoigner sa haute satisfaction, le conseil municipal, en 1842, l'a proposé à M. le ministre de l'instruction publique pour le poste de *principal*, alors vacant ; que depuis cette époque, loin d'avoir démérité, M. Lefrancq n'a fait qu'acquérir de nouveaux titres à notre intérêt ; que, par conséquent, la disgrâce qui vient de le frapper ne peut être que le résultat d'une erreur ;
» Usant du droit que lui confère le premier paragraphe de l'art. 24 de la loi sur les attributions municipales, ainsi conçu : « Le conseil municipal peut exprimer son vœu sur tous les objets d'intérêt local ; »
» Prie instamment M. le ministre de l'instruction publique de maintenir M. Lefrancq dans le poste qu'il occupait à Cambrai. »

» Le conseil, à une forte majorité, passe à l'ordre du jour.

M. LENGLET. « Dans l'exposé que j'ai fait au conseil, vous ne devez pas perdre de vue que j'avais formulé des réserves ; je n'avais pas voulu aborder des questions irritantes, je croyais en avoir dit assez pour déterminer un vote favorable à M. Lefrancq ; mais puisqu'il n'en est point ainsi, mon devoir est de ne rien taire et de vous communiquer les pièces qui sont entre mes mains et qui devront donner à vos yeux une face toute nouvelle à cette affaire. Il vous sera démontré que le coup qui a frappé M. Lefrancq est parti de Cambrai, et vous y verrez, j'espère, un motif suffisant pour faire en sorte d'y porter remède. »

M. LEROY. « Si M. Lenglet veut reprendre la même proposition que celle qui vient d'être écartée par le conseil, il n'y a pas lieu à l'entendre de nouveau ; si, au contraire, il avait une autre proposition à faire, il devrait la formuler. »

« M. Lenglet ne formule pas de nouvelle proposition ; le conseil, considérant que la question a été vidée, passe de nouveau à l'ordre du jour. »

Il est évident que le conseil municipal a reculé devant la discussion ; — il est évident qu'en repoussant la lecture des pièces que voulait produire M. Lenglet, il a refusé de s'éclairer ; — il est évident qu'en étouffant l'affaire, la majorité du conseil municipal, — à son insu, nous voulons bien le croire, — s'est rendue solidaire, complice de la plus odieuse injustice.

La conduite de notre conseil municipal était cependant toute tracée en cette grave circonstance. Il avait d'abord à défendre un homme qui avait rendu, dans notre ville, d'éminents et d'incontestés services à l'instruction publique, — un homme qui, durant dix-huit années, avait consacré tous ses instants à la jeunesse de nos écoles, — un professeur d'une rare capacité, qui, toujours fidèle à sa mission, n'avait démérité un seul jour, durant sa longue carrière, — ni de l'Université, — ni de l'administration locale.

Le conseil municipal devait surtout désirer que la lumière se fît sur la cause réelle de cette disgrâce qui venait si inopinément frapper un homme estimé et estimable, l'un des membres du collége de Cambrai, disgrâce que rien ne justifiait, ni dans le passé, ni dans le présent ; — disgrâce que rien n'expliquerait, — si on ne l'attribuait, — soit à la rancune, — soit à la haine de quelques lâches dénonciateurs.

Le conseil a manqué à ce double devoir. Il eût agi tout autrement, — nous en sommes sûr, — s'il avait tenu compte de l'impression pénible qu'a causée la nouvelle du remplacement de M. Lefrancq, et s'il s'était inspiré des sympathies profondes qui éclatèrent, si générales, dans cette circonstance ; sympathies qui ont dû être, pour l'homme et pour le professeur, une bien douce consolation et qui ont pu lui prouver qu'on savait encore se souvenir parmi nous.

Voulant éclairer notre religion et celle de nos lecteurs sur cette ténébreuse affaire, nous avons fait une démarche près de M. Lefrancq, afin d'obtenir communication des pièces dont le conseil municipal avait refusé d'entendre la lecture. M. Lefrancq s'est borné, pour le moment, à nous remettre une lettre qu'il a adressée au ministre de l'instruction publique. Cette lettre suffira, — nous l'espérons, — pour faire entrevoir à nos lecteurs à quelles basses intrigues ses ennemis n'ont pas craint de descendre.

Ce que le conseil municipal n'a pas voulu faire, — nous le ferons, nous. — C'est notre devoir ; c'est notre droit. — La voix de la vérité qu'il a étouffée, nous la ferons entendre. L'opinion publique jugera.

Charles PETY.

A Monsieur de Parrieu, ministre de l'Instruction publique et des Cultes.

Monsieur le Ministre,

En vous priant, par ma lettre du 31 octobre dernier, de m'accorder un congé d'un an, je croyais avoir suffisamment motivé ma demande. Vous en avez jugé autrement. Je m'explique votre rigueur. Vous croyez avoir frappé un homme politique. Mais qu'il me soit permis de vous le dire, en déplorant l'erreur dont je suis victime, votre religion, Monsieur le ministre, a été surprise. Je n'ai point pris, quitté, repris de rôle politique.

En 1848, sur l'invitation de M. Braive, alors recteur de l'Académie de Douai, j'ai adhéré au gouvernement provisoire, en signant un acte rédigé par M. Paradis, principal actuel du collège de Cambrai. J'ai suivi en cela l'exemple, non-seulement du conseil municipal tout entier, mais des fonctionnaires de tous les ordres encore aujourd'hui à leur poste. Cette adhésion ne m'a pas été dictée par la peur ; elle a été réfléchie et sincère. C'était approuver la convocation d'une assemblée nationale constituante, nommée par le suffrage universel ; c'était promettre d'avance soumission et respect à la Constitution que cette assemblée devait donner à la France. Je le savais. Aussi je suis resté fidèle à mon engagement. La Constitution proclamée, j'ai pris soin, pour faire honneur à ma signature, de conformer ma conduite à la convenance comme fonctionnaire, au devoir comme citoyen, à mes convictions comme homme. Voilà toute ma doctrine politique.

Elle est trop simple, Monsieur le ministre, et je dirai trop vulgaire, pour avoir eu besoin de manifestation et d'éclat. Aussi me suis-je abstenu de paraître dans les clubs qui se sont formés à Cambrai. Si un fonctionnaire de l'Université a dit à M. le préfet du Nord que je les avais fréquentés, comme tout le monde, il a commis, à mon égard, une grave erreur. Je me suis renfermé dans l'usage le plus strict de mon droit. J'ai assisté, en 1849, comme en 1848, à quelques réunions électorales préparatoires pour prendre part à l'élection d'un comité définitif. Désigné pour en faire partie, de concert avec plusieurs honorables citoyens qui, au sein du conseil municipal, avaient pris la défense de l'instruction publique, j'ai refusé; un fonctionnaire ne pouvant, selon moi, prendre une part active dans les élections sans être taxé d'opposition, de servilité ou d'ambition. C'est le motif que j'ai donné publiquement de mon refus. Je doute fort, monsieur le ministre, que les rapports qui vous sont parvenus fassent mention de cette circonstance. Quoi qu'il en soit, voilà pour les manifestations publiques.

Quant à mon grade dans la compagnie d'artillerie de Cambrai, la plus calme, la plus amie de l'ordre et la moins politique qui existe, en voici l'origine. En janvier 1849, à la suite d'une élection partielle où succomba un ami de M. le colonel Minangoy, mis en concurrence avec un ancien capitaine, appartenant à la compagnie depuis vingt-trois ans, les autres officiers, comme ils l'avaient annoncé à l'avance, donnèrent leur démission en masse. La minorité refusa d'obéir au chef réélu, fit scission et demanda la formation d'une seconde compagnie dont elle serait le noyau. Au mépris de la loi et de tous les principes de discipline, et au grand étonnement de toute la ville, ses plaintes furent écoutées par le chef de la légion, qui proposa à M. le ministre de l'intérieur de scinder la compagnie d'artillerie de Cambrai en deux demi-compagnies, sans chef commun. La majorité, c'est-à-dire les trois quarts environ de la compagnie, signala les dangers et l'illégalité de cette proposition, et l'autorité supérieure lui donna gain de cause contre les prétentions d'une minorité mécontente. Auteur des Mémoires rédigés en cette circonstance en faveur du maintien de l'ancienne organisation de la compagnie, je fus nommé lieutenant.

Depuis cette époque, comme antérieurement, dans toutes les réunions partielles ou générales auxquelles j'ai assisté, il n'a jamais été question de politique. Je l'affirme. Cela paraîtra peu vraisemblable à Paris, mais à Cambrai, c'est la vérité.

Néanmoins, j'ai lieu de croire, comme le bruit en est généralement accrédité en ville, que le faible concours que j'ai prêté à la compagnie d'artillerie pour défendre ses droits n'est pas étranger à la disgrâce qui me frappe. Je n'aurais gagné la cause d'autrui près de M. le ministre de l'intérieur que pour perdre la mienne près de M. le ministre de l'instruction publique. Ce serait payer bien cher, Monsieur le ministre, le tort d'avoir eu raison.

Toutefois, les affaires de la compagnie d'artillerie furent terminées en mars ou en avril 1849, et le 23 mai suivant, je reçus de M. Camaret, recteur de l'Académie de Douai, une lettre m'annonçant que je venais d'être l'objet d'une dénonciation violente : « M. le ministre de l'instruction publique, m'écrivait M. le » recteur, a été informé que vous vous êtes gravement compro- » mis par la manifestation de principes et de doctrines politiques » qui n'ont point les sympathies des familles ; il a su, en outre, » que vous aviez pris part à des manifestations publiques qui » ont nui à votre considération au point de rendre votre dépla- » cement nécessaire. »

D'où étaient parties, Monsieur le ministre, ces accusations contemporaines des dernières élections générales ? Vous le savez. Il n'est pas invraisemblable de les attribuer à la rancune et au dépit. Quelles étaient, en effet, Monsieur le ministre, ces manifestations publiques auxquelles j'avais participé et qui avaient si gravement nui à ma considération ? Quels étaient ces principes et ces doctrines politiques qui m'avaient aliéné les sympathies des familles ? A quelle époque, en quel lieu, devant quelles personnes les avais-je manifestés ? C'est ce qu'il eût fallu dire ; mais aussi c'eût été rendre la justification trop facile. L'impossibilité de spécifier aucun fait a mis les délateurs dans la nécessité de choisir les imputations les plus propres à nuire à un fonctionnaire de l'Université. Voilà pourquoi ils ont parlé des sympathies des familles que j'aurais perdues. Comme si les sympathies politiques étaient unanimes à Cambrai ; comme si, dans la division et l'agitation des partis, dans la résurrection de leurs espérances, dans les fluctuations et les revirements de toute espèce, un universitaire, attaché à la constitution de son pays, pouvait espérer, quoi qu'il fît, de se concilier les sympathies politiques de ceux qui ne veulent ni de l'Université ni de la Constitution ! C'est là une formule banale, Monsieur le ministre, et familière aux dénonciateurs de toutes les époques. Il ne faut pas que les bonnes traditions du rôle se perdent ; et certaines gens à Cambrai tiennent à les conserver, paraît-il, comme un précieux héritage.

Pour répondre à ces accusations d'un vague insaisissable, j'ai fait connaître à M. le recteur quelle avait été ma ligne politique depuis 1848, comme je l'ai exposé plus haut. M. Camaret me donna des conseils que j'ai scrupuleusement suivis. On me laissa tranquille jusqu'à la fin de décembre 1849, époque où M. Vaïsse, préfet du Nord, vint faire sa première tournée à Cambrai. Je lui fus désigné comme un *rouge*. M. Paradis, principal du collége, me dit, à cette époque, avoir été admonesté par ce magistrat, pour ne m'avoir pas dénoncé comme professant le *socialisme*. M. Paradis aurait répondu qu'il ne me connaissait point de doctrines socialistes ; que s'il avait perdu l'estime de M. le préfet pour ne s'être pas fait dénonciateur, il s'en estimait personnellement davantage. Il me nomma ensuite deux personnes qu'il soupçonnait être les auteurs de cette dénonciation, qu'il qualifia d'inquisitoriale. Je le priai de me donner par écrit les observations qu'il avait été chargé de m'adresser au nom de M. le préfet. Il me le promit, me remit à quelques jours, me demanda un nouveau délai, puis se montra embarrassé sur la forme à donner à cette communication ; me montra un commencement de lettre ; me traîna ainsi dix jours, et finit par refuser positivement d'exécuter sa promesse, sous prétexte que la conversation qu'il avait eue avec M. le préfet n'avait rien d'officiel. Il nia même m'avoir nommé les deux personnes objet de ses soupçons.

Qui m'avait dénoncé à M. le préfet ? Qui avait fait adresser cette semonce à M. Paradis ? D'où venaient les tergiversations étranges de ce dernier ? J'en référai à M. le recteur, juge et défenseur naturel des fonctionnaires de l'Académie. La réponse que j'en reçus, Monsieur le ministre, est tellement explicite que le doute n'est plus permis sur l'origine et la cause des accusations dont j'étais l'objet. Mon grade d'officier d'artillerie, dont il n'avait pas été question jusqu'alors, et l'influence que j'étais censé exercer dans la compagnie, y sont indiqués, de la manière la plus positive, comme la source des inimitiés et de l'animosité qui me poursuivaient.

Si j'ai refusé de déposer mon épaulette, Monsieur le ministre, quand cette concession m'a été demandée avec menace, ce n'est pas que j'aie voulu jeter un défi insensé à l'Université. C'est un tout autre motif qui m'a guidé. Il m'a paru que cette démission serait considérée comme un aveu indirect des actes qu'on m'imputait et auxquels je n'ai pas participé, des manifestations publiques auxquelles je suis resté étranger, des principes et des doctrines politiques que je n'ai pas professés. Pour l'honneur du corps enseignant, pour ma dignité personnelle, je ne devais pas faire ce coupable aveu. Telle est la seule cause de mon refus, et je m'en suis expliqué en ces termes devant M. le recteur et devant M. Jouan, inspecteur de l'Académie, à son dernier passage à Cambrai.

Si je n'ai pas non plus cédé au conseil que m'a donné M. Jouan, je ne sais sous quelle inspiration, de cesser toute relation avec M. Lenglet, ancien maire de Cambrai, passant, me dit M. l'inspecteur, pour être lié aux hommes de désordre, c'est, M. le ministre, que M. Lenglet, pendant huit années d'une administration aussi intègre qu'éclairée, s'est montré constamment favorable à l'instruction publique, principalement à l'instruction secondaire, et qu'en 1842, de concert avec le conseil municipal, il m'a donné une preuve toute particulière de confiance en demandant pour moi, à l'autorité supérieure, le poste de principal, alors vacant. Les rapports que j'ai conservés avec lui, malgré les mesquines rancunes et les passions politiques qui le poursuivent, sont devenus plus fréquents et plus intimes depuis qu'il n'est plus au pouvoir. Ils sont honorables, Monsieur le ministre, ils reposent sur une estime réciproque. Une rupture eût été de ma part non-seulement une grande faiblesse, mais une ingratitude.

Pour le premier de ces refus, Monsieur le ministre, fait à mes risques et périls, suivant l'expression de M. l'inspecteur Jouan, vous avez pourvu à mon remplacement. En m'annonçant cette disgrâce, vous me dites : « J'ai appris qu'après avoir tenu compte
» pendant quelque temps des avis qui vous ont été donnés au
» sujet de votre conduite politique, vous avez récemment repris
» le rôle politique dont un moment vous vous étiez démis, et que
» la défiance des familles s'était vivement prononcée contre
» vous.
» Dans ces circonstances, j'ai dû prendre à votre égard une
» mesure sévère et long-temps différée. »

Quel est, M. le ministre, ce prétendu rôle politique que j'ai récemment repris? C'est le grade de lieutenant d'artillerie que mes camarades m'ont rendu, après une démission moitié volontaire, moitié concédée à des considérations que, par respect pour un tiers, je m'abstiens de révéler, et aussitôt dénaturée par des bouches perfides que je m'abstiens de désigner, par un sentiment tout contraire.

Cette défiance des familles, qui se prononce si vivement et si à propos, a un grand air de parenté avec les sympathies des familles qui, autrefois, s'étaient éloignées de moi.

Cette mesure, long-temps différée, vous avait été demandée immédiatement après les élections générales de 1849, si voisines des divisions de la compagnie d'artillerie, dont je vous ai entretenu.

Rien de plus clair, Monsieur le ministre, tout se lie, tout concorde. Le professeur porte la peine de l'officier. C'est ce qu'il m'importait de bien établir et de bien constater à vos yeux.

Ainsi, toutes ces manifestations publiques où j'aurais joué et laissé ma considération ; cet étalage public de principes et de doctrines politiques qui n'auraient pas les sympathies des familles ; ce rôle politique qu'on m'a prêté et que j'aurais repris, après l'avoir abandonné, pour réveiller si maladroitement la défiance des familles; tout cet échafaudage d'imputations malveillantes n'est qu'un amas de prétextes cachant une odieuse intrigue dont M. le préfet du Nord a été l'organe abusé. Quand vous me connaîtrez mieux, Monsieur le ministre, quand vous connaîtrez mieux aussi mes accusateurs, j'oserai faire appel à votre justice. En attendant, je ne puis que protester contre toutes les calomnies qui vous ont fait condamner et frapper, sans l'entendre, un serviteur dévoué de l'Université et qui a la conscience de n'avoir pas dévié de la ligne de ses devoirs.

Un mot du congé, Monsieur le ministre. Vous m'envoyez de Cambrai à Schélestadt. Les pertes inévitables que doit occasionner un tel déplacement ne sont rien à mes yeux en comparaison d'une considération capitale. Ma mère habite près de moi. Elle n'a depuis long-temps d'autre appui, d'autre consolation que moi. Elle est déjà frappée du coup qui m'atteint. Elle est âgée de soixante-quinze ans. Il faut l'arracher à toutes ses habitudes pour l'emmener à cent cinquante lieues de son pays, ou bien la laisser et me séparer d'elle. Le déplacement ou la séparation, j'en ai malheureusement la conviction, doit compromettre gravement sa santé et même sa vie. Dans cette alternative qui m'expose à des regrets, à un remords peut-être, je vous demande un congé d'un an. C'est la première faveur que je sollicite de l'Université depuis vingt-cinq ans, d'un enseignement qui a quelquefois reçu ses éloges, et continué presque dans la même ville et dans le même poste. Vous me le refusez. C'est dur, Monsieur le ministre. Vous me menacez, en outre, si je ne me rends sur-le-champ à ma nouvelle destination, de me considérer comme démissionnaire et de me laisser sans emploi pour refus de service. Je n'entends point, Monsieur le ministre, donner ma démission et abandonner mes droits à la retraite ; mais, forcé d'opter entre l'obéissance que je vous dois et une dette filiale que je veux acquitter jusqu'au bout, je me range du côté du devoir le plus impérieux, dussé-je végéter le reste de ma vie, victime de l'implacable rancune de quelques ennemis cachés.

  Vous n'agréerez pas moins,

    Monsieur le Ministre,

     L'expression de mon profond respect.

        L. LEFRANCQ.

Cambrai, 2 décembre 1850.

Cette lettre révélait au ministre de l'instruction publique la véritable cause des accusations violentes dirigées contre M. Lefrancq, dans des rapports secrets. Chacun nommait l'auteur encore caché de ces rapports, dictés par la rancune. La disgrâce de M. Lefrancq était expliquée. *L'Echo de Cambrai* ne s'en tint pas là. Fidèle à la promesse qu'il avait faite de rendre évidente et manifeste pour tous la vérité devant laquelle le conseil municipal avait reculé, et voulant satisfaire l'opinion publique, qui attendait une explication au grand jour, il publia, dans son numéro du 15 février, l'article suivant :

« On nous demande si nous avons reçu, de MM. Paradis et Minangoy, quelque réponse à la lettre publiée par M. Lefrancq. On s'attendait, — après l'apparition de cette pièce du procès, où ces messieurs sont nommés, — à voir dans *l'Echo* ou dans tout autre journal de la localité, quelque explication, quelque rectification, quelque protestation. Mais un premier numéro a paru. — Rien. — Un second. — Rien. — Un troisième. — Rien encore. Un tel silence étonne. Ces messieurs ont eu le temps de réfléchir, de se concerter, de prendre un parti, et ils ne sont pas hommes à se taire. D'où vient qu'ils ne donnent pas signe de vie ? La lettre de M. Lefrancq n'est-elle pas assez explicite, assez transparente ? Voilà ce qu'on nous dit. On va même jusqu'à supposer que nous avons reçu des missives que nous tenons secrètes.

» On nous pose encore d'autres questions : — On voudrait savoir quelles sont ces deux personnes que M. Paradis a nommées à M. Lefrancq, comme les auteurs de la dénonciation faite contre lui à M. le préfet. Dans ce temps de délation officielle et officieuse, on ne serait pas fâché de connaître ces deux dénonciateurs, — ceux, du moins, que M. Paradis considère comme tels. Ce serait là une révélation piquante, surtout pour M. Vaïsse, aujourd'hui ministre de l'intérieur. — On regrette à ce point de vue que M. Paradis ait manqué de parole à M. Lefrancq. — Enfin, on est au premier mot de cette odieuse intrigue, et l'on en voudrait déjà connaître le dernier.

» *Réponse de l'Echo.* — Nous comprenons la curiosité du public et nous voudrions satisfaire à sa juste impatience ; mais nous n'avons reçu jusqu'ici de réponse — d'aucune espèce — de qui que ce soit. — Sur la cause d'un silence qui paraît obstiné, nous en sommes réduit, comme tout le monde, à des conjectures ; aussi, comme tout le monde, nous répétons le proverbe : — Qui ne dit mot.... passe condamnation.

» CHARLES PETY. »

M. Paradis, principal du collége, et M. Minangoy, colonel de la garde nationale, étaient mis en demeure de s'expliquer. M. Paradis se tint clos et coi. M. Minangoy ne put se contenir, ou plutôt il fit de nécessité vertu. En effet, dans le numéro suivant de *l'Echo,* on lisait :

AVEU DE M. MINANGOY.

« Nous ne nous sommes pas trompé en disant que M. Minangoy n'était pas homme à se taire ; il vient enfin de rompre le silence. Il nous adresse la lettre suivante :

« A M. le rédacteur de *l'Echo de Cambrai* :

» Monsieur le rédacteur,

» Dans votre numéro du 15 de ce mois qui vient de m'être communiqué, vous dites à votre public, *curieux* et *impatient,* que vous en êtes réduit, comme tout le monde, aux conjectures, sans doute sur la part que j'ai prise au déplacement de M. Lefrancq, et vous concluez par ces mots : *Qui ne dit mot... passe condamnation.*

» Hé bien ! si vous avez le courage des réticences, des insinuations et même de ce que vous appelez de la transparence, j'ai la faiblesse de ne rien désavouer.

» Voici donc ma réponse :

» J'accepte la responsabilité entière de tous mes actes, sans exception, dans l'exercice de mes fonctions publiques, notamment de celles de la garde nationale, dont il s'agit ici.

» J'en accepte aussi tous les devoirs, et le premier, comme subordonné à une autorité supérieure, est de lui rendre un compte officiel de ce qui intéresse le commandement dont je suis investi ; ce devoir, je l'ai accompli dans toutes les occasions.

» S'il pouvait me convenir de donner, en dehors de la hiérarchie, d'autres explications, ce serait à ceux dont l'opinion aurait de la valeur pour moi, et non à vous, monsieur, ni aux autres promoteurs de cette polémique.

» J'ai peu de goût à prendre place dans vos colonnes ; je ne traiterai donc, le cas échéant, avec vous que particulièrement.

» J'espère que vous voudrez bien insérer cette lettre dans votre prochain numéro, et au besoin, je le requiers.

» J'ai l'honneur, Monsieur, de vous saluer très distinctement.

» H. MINANGOY. »

Cambrai, le 17 février 1851.

« Certes, monsieur Minangoy, vous n'aviez nullement besoin de *requérir* l'insertion de votre lettre. — Que désirions-nous ? — Que demandions-nous ? — Que voulions-nous ? — Une explication. Nous l'avons aussi complète que votre position vous permettait de la donner, — plus complète même que nous n'aurions osé l'espérer. Pourquoi donc aurions-nous hésité à publier une déclaration si précieuse pour tout le monde ?

» Eussiez-vous réussi, monsieur Minangoy, à rendre certaines phrases plus insolentes et plus grossières, nous n'en aurions livré qu'avec plus de plaisir encore, à l'appréciation de nos concitoyens, et la forme et le fond de cette nouvelle pièce du procès qui s'instruit devant l'opinion.

» Vous le prenez, il est vrai, sur un ton bien haut avec nous; mais, monsieur, dans la singulière position où vous vous trouvez, — vous comprenez qu'injures et gros mots ne sont pas de nature à nous émouvoir beaucoup.

« *J'ai peu de goût,* — dites-vous, — *à prendre place dans vos*
» *colonnes ; je ne traiterai donc, le cas échéant, avec vous, que par-*
» *ticulièrement.* »

» M. B. Doyen, capitaine de la compagnie d'artillerie, et M. Ch. Delcourt, que vous avez chargés de nous apporter votre lettre, ont dû vous faire connaître — quelles sont nos dispositions, — comment nous entendons les droits du journaliste, — comment, le cas échéant, nous en remplirions les devoirs.

» A bon entendeur, salut. CHARLES PETY. »

« *P. S.* — Prière de ne pas imputer à l'ignorance du prote le *très distinctement*, ni l'accentuation tant soit peu tudesque de la lettre de M. Minangoy. Charles PETY. »

Pour arrêter toute publication relative à la grave affaire qu'il avait sur les bras, M. Minangoy voulut intimider le rédacteur de *l'Echo en traitant avec nous particulièrement.* Cet expédient ne réussit pas. Pris à parti dans une affaire qui n'était pas la nôtre, nous avons maintenu intact le droit de la presse. Si, dans cette circonstance, nous avons fait preuve de quelque fermeté, de quelque courage dans l'intérêt de la vérité dont nous avions pris en main la défense, ce n'est pas à nous qu'il appartient de le rappeler ici. Nous avons rendu compte ailleurs de cet incident. Complétons.

Réponse de M. Lefrancq à M. Minangoy.

Monsieur,

Dans votre lettre publiée par *l'Echo de Cambrai*, le 18 de ce mois, vous ne désavouez pas la part que vous avez prise à mon déplacement. Vous en acceptez même la responsabilité comme d'un acte émanant de vos fonctions publiques. Bien plus, en provoquant ma disgrâce, vous avez accompli un devoir attaché à votre titre de colonel de la garde nationale. Tel est le sens de votre déclaration.

Nous voilà d'accord, Monsieur, sur le point de fait. Car ma lettre à M. le ministre de l'instruction publique se résume en deux mots : « Le professeur, y est-il dit, porte la peine de l'officier. » Ce point bien établi, désormais hors de discussion, irrévocablement acquis au procès, va servir de base à ma réponse.

Accepter la responsabilité de ses actes, ce n'est pas toujours un honneur, Monsieur, ni un mérite ; c'est quelquefois une nécessité pénible. Lorsqu'il ne vous a plus été possible de vous taire, quand vous avez senti que vous alliez être dévoilé malgré votre silence, alors vous avez pris une résolution héroïque, vous avez parlé.

Votre thèse, Monsieur, décèle l'embarras de votre position. Vous prétendez faire passer une iniquité pour l'usage d'un droit, une vengeance personnelle pour l'accomplissement d'un devoir. C'est-à-dire, Monsieur, que vous voudriez changer les rôles, convertir le coupable en innocent, l'innocent en coupable, et dénaturer ainsi, dans cette affaire, le juste et le vrai. Une telle confusion aurait pour conséquence de faire répéter partout à vos amis : « M. Lefrancq a tort de se plaindre. S'il a été frappé, il ne doit s'en prendre à d'autre qu'à lui ; M. Minangoy a rendu service à la société ; il a bien mérité de l'autorité supérieure. » Et tout serait dit, et votre cause serait plaidée.

Je l'avoue, Monsieur, je ne vous croyais pas cette triste habileté. Ce tour de main aurait pu avoir chance de succès, devant des juges prévenus, en l'absence de la victime. Mais aujourd'hui, Monsieur, c'est une tentative désespérée et un anachronisme. La victime n'est pas reléguée à cent cinquante lieues, sa voix n'est pas étouffée, et vous n'avez pas cru, sans doute, qu'elle laisserait ainsi dépouiller effrontément, à son préjudice, devant l'opinon, les faits de leur vérité, le droit et le devoir de leur véritable caractère !

Chef de la légion, vos droits et vos devoirs sont nettement définis par la loi. Sous les ordres immédiats de M. le maire, vous organisez tout le service de la garde nationale et vous en surveillez l'exécution. Les infractions à la loi et aux réglements sont passibles de peines déterminées que prononcent les conseils de discipline. Tel est le cercle de votre action légale. Hors du service et l'uniforme déposé, colonel, officiers et gardes nationaux, tout rentre dans la vie civile. Eh bien ! Monsieur, depuis que vous êtes investi du commandement, ai-je manqué de répondre à un seul appel ? Sous les armes, me suis-je rendu coupable de désobéissance, de négligence ? Vous ai-je fourni l'occasion de m'adresser un seul reproche ? un avertissement même officieux ? Non, Monsieur. D'où vient donc que n'ayant jamais encouru la moindre peine disciplinaire, j'aie pu figurer dans les rapports officiels adressés par vous à l'autorité supérieure et y être peint sous des couleurs tellement défavorables que tout-à-coup, et sans jugement, je me suis vu frappé d'un châtiment cent fois plus terrible que toutes les condamnations qu'auraient pu jamais prononcer contre moi les conseils de discipline ? Chose étrange ! l'officier vous appartient, il est irréprochable ; le colonel se plaint, et le professeur encourt une disgrâce qui équivaut à une révocation ! Vous êtes donc plus puissant que la loi, Monsieur, et surtout plus rigoureux ? D'où vient ce pouvoir exorbitant ? Avec votre titre de colonel cumulez-vous les fonctions de principal du collége, d'inspecteur des études, de brigadier de gendarmerie ? Où avez-vous puisé ce droit d'investigation et de contrôle sur l'universitaire, le citoyen, l'homme privé ? Qui vous autorise à épier, à interpréter toutes mes relations de société, toutes mes démarches ; à vous enquérir où je vais, d'où je viens, qui je reçois, qui je salue, à qui je parle dans la rue, à quelle heure, quel jour, sous l'impression de quelle nouvelle, au souffle de quel vent politique ; à pénétrer enfin jusque dans mon cœur et ma tête pour y chercher mes intentions, y découvrir ce que je veux, ce que je pense et surtout ce que je ne pense pas ? Est-ce que vos concitoyens, en vous nommant colonel, ont voulu se donner un surveillant, un censeur de tous leurs mouvements, de leurs moindres gestes ? Ont-ils songé à faire de vous une sorte d'inquisiteur politique, une contrefaçon de préfet de police ? D'où tirez-vous donc ce pouvoir, s'il ne vous vient ni de l'élection ni de la loi ?

Vous en êtes-vous revêtu vous-même par zèle, par dévouement au bien public ? Alors n'appelez pas droit une usurpation si funeste à ceux qui ne vous prennent pas pour type de leur opinion.

L'avez-vous accepté ce pouvoir jusqu'ici inconnu ? Eh bien ! Monsieur, quelle que soit l'autorité qui vous l'a offert, de votre acceptation il ne peut résulter pour vous qu'un rôle, non un droit. Rôle que je ne veux pas qualifier, parce que je désire rester dans la convenance, tout en disant sans détour la vérité. Et vous décorez d'un nom respectable, vous appelez devoir l'usage que vous avez fait contre moi de ce pouvoir occulte ? Non, Monsieur, en me frappant dans l'ombre, vous n'avez pas accompli un devoir ; vous avez commis une action mauvaise, une action dont le ruban qui orne votre poitrine aurait dû éloigner de vous la pensée, puisqu'il est le signe du courage et de l'honneur. Mais une misérable blessure d'amour-propre avait abaissé la dignité du colonel jusqu'à l'iniquité et la vengeance.

Oui, Monsieur, la vengeance ! Car ces devoirs de colonel dont vous vous faites aujourd'hui une égide, vous ne les avez pas toujours remplis avec un zèle si scrupuleux. Au contraire, Monsieur, vous les avez méconnus quand, au mépris de la loi, au mépris d'un arrêté municipal, au mépris de tous les principes de discipline, vous avez demandé au ministre de l'intérieur la division de la compagnie d'artillerie en deux demi-compagnies, sans chef de bataillon, pour satisfaire une minorité, battue dans une élection récente et que votre devoir était de rappeler à la soumision, dans l'intérêt de l'ordre, de la paix, de la concorde, par respect surtout pour cette grande loi des majorités !

Choisi par mes camarades pour défendre les intérêts de la compagnie et les droits que vous fouliez aux pieds, j'ai eu le malheur, Monsieur, de gagner la cause de la légalité contre vous, et le colonel n'a jamais pardonné à l'artilleur !

Dès ce moment, Monsieur, et même avant la fin de cette affaire, vous m'avez désigné comme un meneur, comme un *rouge*. Un mois après, un rapport des plus violents était adressé au ministre de l'instruction publique et mon remplacement vivement demandé. Une enquête fut ordonnée. Je fus maintenu. N'importe, quelques mois plus tard, vous me signaliez toujours comme un *rouge*, à M. Vaïsse, nouveau préfet, non pas, Monsieur, dans un compte-rendu officiel, mais dans un de ces entretiens qui ne laissent nulle trace, dans un coin d'un des salons de la sous-préfecture, à voix basse, à l'oreille. — Qui m'en instruisit ? M. Paradis, contre qui vous fûtes fort irrité alors, parce que, selon vous, il m'avait défendu en ne m'accusant pas. Bientôt vous vous êtes rapprochés, et c'est à la suite de ce rapprochement que M. Paradis retira et la promesse qu'il m'avait faite et les noms qu'il avait cités. La vérité qui lui était échappée dans un moment de surprise fut ainsi, grâce à vous, neutralisée pour moi.

Au dernier voyage de M. Vaïsse à Cambrai, et après la dernière revue de la garde nationale passée par ce magistrat, sous quelle couleur ma réélection si spontanée et si unanime lui a-t-elle été présentée ? Sous une couleur politique. Ce fut le coup de grâce.

Je laisse de côté les gens que vous avez fait parler. Mais ici, Monsieur, je vous demanderai pourquoi tous vos rapports, soit verbaux, soit écrits, passent toujours au-dessus de la tête de M. le maire de Cambrai, votre supérieur immédiat dans l'ordre hiérarchique ? Les lui adresser tous, voilà véritablement votre premier devoir. Mais M. Petit-Courtin, qui veut bien se souvenir des soins que j'ai autrefois donnés à sa famille, m'eût peut-être averti et ce n'était pas votre but.

Que poursuiviez-vous donc, Monsieur, avec tant d'animosité et d'acharnement ? Je vous l'ai dit, une vengeance toute personnelle. Et cela est si vrai, monsieur, que si l'officier avait consenti à déposer son épaulette, le professeur serait encore à son poste. Ma démission, ou plutôt ma dégradation volontaire, aurait été pour votre amour-propre humilié une satisfaction suffisante, et à l'heure qu'il est il y aurait encore dans la chaire de rhétorique du collége de Cambrai un professeur *rouge !*

Etrange inconséquence ! Après une contradiction si choquante, viendrez-vous encore vous faire un mérite de ma disgrâce et invoquer le droit et le devoir ! Non, cela n'est plus permis. Quand pour se défendre on ne peut faire cadrer les choses avec les mots, on se tait.

Quant aux faits sur lesquels vous prétendriez appuyer vos rapports, je ne les connais pas tous. Mais quelques-uns sont faux, controuvés, ridicules. Car malgré le nombre d'yeux et d'oreilles qui vous servent, vous n'êtes pas toujours, Monsieur, bien informé. En tout cas, je vous porte le défi d'établir la vérité d'un mot ou d'un acte propre à justifier vos imputations et cette dénomination de *rouge* qui vous est si familière. Car enfin, Monsieur, dans votre bouche cette qualification politique doit être une bien grave injure, puisqu'elle a de si funestes conséquences pour ceux à qui vous la donnez. Pour moi, je m'en explique sans réticence et sans détour. Si par *rouge* vous désignez les citoyens animés d'intentions droites et pures, amis du progrès de l'humanité et sincèrement attachés aux institutions républicaines de leur pays, j'accepte, Monsieur, cette qualification. Mais si par *rouge* vous entendez un homme de désordre, un ennemi de la propriété et de la famille qui, dans un bouleversement social, fournirait des victimes au bourreau pour s'enrichir de leurs dépouilles, qui laisserait à sa famille un nom flétri, à ses enfants une dot trempée dans le sang, oh! alors, je repousse de toutes les puissances de mon âme cette épithète sanglante. Et vous, Monsieur, soyez-en moins prodigue, croyez-moi, envers ceux que vous ne connaissez pas. Je vous donne ce conseil, malgré le profond dédain que vous affectez, à tort, pour l'opinion des promoteurs de cette polémique, parmi lesquels je tiens, grâce à vous, le premier rang. Car enfin, si vous vous faites gloire d'accepter la responsabilité de tous vos actes, il doit bien être permis, surtout à moi, de faire connaître à nos concitoyens comment j'ai été frappé d'un seul coup dans mon présent, dans mon passé, dans mon avenir.

L. LEFRANCQ.

Cambrai, le 20 février 1851.

« Après la publication de cette lettre, que fit M. Minangoy ?— Il se tut et cette fois passa condamnation. — Nous fûmes ainsi dispensé de publier à l'appui les pièces que nous tenions en réserve.

» La diversion tentée par M. Minangoy fit grand bruit et mit toute la ville en émoi. Mais l'émotion s'est calmée, et l'auteur d'abord inconnu de l'injuste disgrâce dont M. Lefrancq fut vic time est resté, par son silence, sous le coup de la réponse qu'on vient de lire.

» Notre tâche est remplie. Que l'opinion publique juge.

» CHARLES PETY. »

(Extraits des numéros 1,295— 1,296 — 1,300 — 1,301 et 1,303 de *l'Echo de Cambrai*.)

Nous avons fait réimprimer ces extraits pour quelques-uns de nos amis qui nous ont exprimé le désir de conserver réunies en une seule brochure toutes les pièces du procès qui nous intéresse. Nous y joignons le compte-rendu publié par M. Charles Pety sur l'incident soulevé par M. Minangoy dans le but d'empêcher la manifestation de la vérité, ou du moins de détourner l'attention publique du fait principal.

L. LEFRANCQ.

M. LE COLONEL MINANGOY

Et le Rédacteur de l'Echo de Cambrai.

La polémique soulevée à propos de la disgrâce de M. Lefrancq a donné lieu, — entre M. le colonel Minangoy et nous, — à un différend qui a si vivement préoccupé nos concitoyens, que nous croirions manquer à nos devoirs, — si nous ne leur rendions pas un compte exact de tout ce qui s'est dit, de tout ce qui s'est fait entre les témoins de M. Minangoy et les nôtres. — M. Minangoy, comme colonel de la garde nationale, — nous, comme journaliste, — nous devons à nos amis et à nos adversaires la vérité tout entière dans cette affaire, — que, dans un but que nous ne qualifierons pas, on s'est plu à dénaturer par des hableries et des forfanteries au moins intempestives.

Le simple exposé des faits et la reproduction de la correspondance échangée entre nos témoins et ceux de M. le colonel Minangoy suffiront, — nous en sommes convaincu, — pour édifier complétement le public et sur le fond et sur les détails essentiels de cette affaire.

Il y a quelques mois, une disgrâce, aussi imméritée qu'inexplicable, atteint M. Lefrancq. Après une proposition faite au conseil municipal et étouffée sans discussion, notre devoir était de rechercher la cause de ce coup inattendu, qui privait notre collége de l'un de ses plus éminents professeurs. Ce devoir, nous l'avons rempli. Une lettre de M. Lefrancq nous est remise. Elle donne le mot de l'énigme. Des personnes qui, jusque-là, n'avaient été désignées qu'à l'oreille, y sont formellement nommées.

Quelques jours se passent. — Etonné du silence que gardent les hommes sur qui vient tout à coup, — aux yeux de leurs concitoyens, — peser une accusation si grave, nous nous bornons à poser quelques questions. M. Minangoy se décide à rompre le silence. Il nous adresse une lettre (1), où, à notre grand étonnement, — nous trouvons une grave offense pour nous et pour nos amis. Nous n'hésitons pas néanmoins à publier cette lettre, nous contentant de répondre par quelques paroles fermes à la pensée outrageante exprimée par M. Minangoy.

Quelque modérée qu'ait été notre réponse, M. Minangoy, jugeant cependant à propos de nous en demander *satisfaction*, nous envoya quatre personnes, qui, dès le lendemain, se réunissaient à quatre de nos amis.

Une discussion s'engage sur les exigences de M. Minangoy. Nos amis, à qui nous n'avions pu donner de mandat défini, puisque nous ignorions complétement ce que pouvait réclamer de nous M. Minangoy, — nos amis, dans un esprit de conciliation excessive — à cause de la position toute exceptionnelle de deux d'entre eux, — consentirent à rédiger une déclaration, qui, d'ailleurs, dans leur pensée, ne pouvait avoir de valeur qu'après notre approbation.

Aussitôt que nous en avons eu connaissance, nous avons formellement déclaré ne pouvoir l'accepter ; et, pour donner à cette déclaration un caractère plus authentique encore, nous avons jugé nécessaire de la reproduire aussitôt dans les colonnes de notre journal.

---

(1) Voir plus haut la lettre de M. Minangoy et notre réponse, pages 17 et 18.)

En conséquence de ce refus si formel, nos amis adressèrent aux témoins de M. Minangoy la lettre suivante :

Lettre à MM. les témoins de M. le colonel Minangoy.

MESSIEURS,

Nous venons de conférer avec M. Charles Pety, relativement à la déclaration préparée entre nous ce matin. M. Charles Pety nous a déclaré ne pouvoir l'accepter.

Nous vous ferons remarquer, messieurs, que M. Charles Pety n'a pu connaître à l'avance en quoi consistait la réparation réclamée par M. Minangoy ; que, par conséquent, il n'a pu nous donner d'autre mission que de préparer un arrangement qui serait ensuite soumis à son acceptation; que nous l'avons toujours entendu ainsi, vous et nous, puisque M. de Fénérols a déclaré vis-à-vis de nous qu'il allait soumettre cet arrangement à M. Minangoy et qu'il ne se chargeait pas, en cas de non-acceptation, d'en négocier un autre ; que si M. Minangoy, qui avait pu à l'avance vous faire connaître avec précision les termes de la satisfaction qu'il réclamait, conservait le droit de ne pas accepter la transaction, à plus forte raison M. Charles Pety, qui était dans l'impossibilité de rien préciser quant à ce que nous avions à répondre, avait-il le droit de demander des modifications à la déclaration préparée par nous.

Nous ajouterons qu'une des conditions essentielles posées hier par M. Charles Pety et renouvelée par nous, celle de tenir procès-verbal de ce qui serait dit d'important de part et d'autre, n'a pas été remplie.

Par tous ces motifs, nous venons, Messieurs, vous demander une nouvelle réunion, où nous nous présenterons avec une solution précise et définitive, l'affaire, en l'état, ne pouvant nullement être considérée comme terminée.

Agréez, Messieurs, nos salutations.

Signé : LENGLET, LEFEBVRE-LEJEUNE, LEFRANCQ.

Bien que dans ma conviction l'arrangement de ce matin fût définitif, je m'associe cependant à la demande de mes co-témoins.

BAULARD.

Cambrai, 21 février 1851.

Les motifs exposés dans la lettre ci-dessus ont paru tellement concluants aux témoins de M. Minangoy, qu'ils crurent ne pouvoir se refuser à une nouvelle conférence. Cette conférence accordée par ces messieurs annulait implicitement tout ce qui s'était fait dans la première ; aussi — du consentement unanime des témoins et de M. Minangoy lui-même, — la transaction rédigée la veille et refusée par nous fut anéantie séance tenante.

Cette fois, nos amis avaient un mandat défini. Ils proposèrent, — comme transaction équitable, — une déclaration commune — et conçue dans des termes identiques par laquelle, de part et d'autre, on retirerait les expressions blessantes. Les témoins de M. Minangoy consentaient bien à nous donner une réparation ; mais ils tenaient à ce qu'elle ne fût pas conçue dans les mêmes termes ; aussi cette transaction incomplète, insuffisante et inacceptable, fut-elle refusée.

Ces moyens de conciliation épuisés, il ne restait plus à nos témoins,—pour remplir notre mandat,—que de déclarer que nous nous mettions à la disposition de M. Minangoy pour lui donner une satisfaction par les armes, — conformément au désir qu'il avait exprimé dès l'abord. Seulement, au point de vue des droits de la presse et de la vérité que nous poursuivions, — vérité qui devait se révéler par la réponse qu'appelait nécessairement la lettre de M. Lefrancq, — nos témoins firent cette réserve importante, — que la rencontre n'aurait lieu qu'après la fin de la polémique.

Et qu'on ne croie pas qu'un aveugle point d'honneur nous ait déterminé à accepter ce combat. Nous le comprenons, — comme tous les hommes de sens, — est-il rien de plus brutal, de plus barbare, de plus absurde que le duel? N'y a-t-il pas plus de vrai courage à poursuivre au grand jour les mauvaises actions et les injustices, surtout si elles sont couvertes par la puissance, — qu'à descendre dans l'arène, comme des gladiateurs, pour livrer sa vie aux chances d'une lutte qui en définitive ne peut rendre, —juste ce qui est inique, — honorable ce qui est infâme !

Pourquoi donc l'avons-nous accepté ce combat que nos mœurs et la raison réprouvent ? Pour prouver une fois au moins,—notre position nous y forçait, — que si constamment nous appelons, nous provoquons la polémique, afin de faire éclater la vérité au grand jour, — nous sommes loin de redouter un adversaire les armes à la main.

Et, quant au délai de quelques jours que nous réclamions pour vider notre polémique, comment a-t-on osé l'interpréter si défavorablement ? — N'est-il pas plus courageux, le journaliste, lorsque — pénétré de l'importance des obligations que lui impose sa mission d'éclairer l'opinion publique, — il poursuit son œuvre avec une imperturbable et calme fermeté, — que si, — se laissant emporter à son premier mouvement, — il courait sur-le-champ vider ses querelles les armes à la main, exposant ainsi la vérité à périr avec lui ?

Revenons au fait. — L'ajournement que nous avons demandé n'était pas *indéfini*. Jugeant que la polémique serait terminée dans la semaine, nous le déclarâmes à nos amis, qui s'empressèrent d'écrire la lettre suivante :

A Messieurs les témoins de M. le colonel Minangoy.

MESSIEURS,

Dans toute polémique, celui qui prend l'initiative de l'offense est considéré comme le provocateur ; or, dans l'affaire dont il s'est agi entre nous, M. Minangoy a eu, le premier, recours à l'offense ; M. Pety, qui, pour le dire en passant, ne se trouvait point engagé personnellement dans cette affaire, s'est borné à répondre, par quelques mots, à ce qu'il y avait dans la lettre de M. Minangoy, de blessant pour lui et pour ses amis.

Néanmoins, dans notre désir extrême de conciliation, nous vous avons proposé, dans notre dernière conférence, de faire insérer dans *l'Echo* deux déclarations, l'une de M. Minangoy, l'autre de M. Charles Pety, identiques dans les termes, et par lesquelles ces Messieurs auraient retiré ce qu'il avait pu y avoir d'offensant jusque-là dans leur polémique, soit pour l'un, soit pour l'autre.

Ces conditions, si équitables, vous les avez repoussées au nom de M. Minangoy.

En conséquence, Messieurs, M. Charles Pety, qui a toujours tenu à ce que la discussion soulevée par la disgrâce de M. Lefrancq ne fût pas étouffée, mais qu'elle fût, au contraire, complète, afin d'éclairer le public sur une affaire qui l'intéresse à un si haut degré, et qui n'a pu, en conséquence, accepter de duel avant la fin de cette polémique, et prévoyant qu'elle sera terminée cette semaine, nous charge de vous faire connaître qu'il se met, quoi qu'il advienne, à la disposition de M. Minangoy pour dimanche prochain, à l'heure et au lieu qui conviendront à M. Minangoy.

Nous attendons votre réponse.

Agréez, Messieurs, nos salutations.

Ont signé : MM. LENGLET, BAULARD, LEFEBVRE-LEJEUNE
et CHANTREUIL.

Cambrai, le 24 février 1851.

Les témoins de M. Minangoy répondirent par la lettre suivante :

A Messieurs les témoins de M. Charles Pety.

Il est impossible qu'une affaire de la nature de celle qui nous occupe soit conduite comme vous l'entendez.

Vendredi, en qualité de témoins de M. Pety, vous nous avez donné une déclaration satisfaisante pour M. Minangoy ; le lendemain, après avoir retiré cette pièce, vous nous avez refusé satisfaction par les armes, en l'ajournant indéfiniment.

Aujourd'hui, vous nous proposez un combat pour dimanche ; nous nous refusons formellement à un pareil ajournement ; nous le voulons pour après-demain matin, mercredi, au plus tard, sinon pas.

En acceptant encore aujourd'hui une rencontre avec M. Pety, nous lui faisons une concession qui n'a pas de précédent dans les affaires d'honneur, qui, toujours, sont vidées sur-le-champ.

Trouvez-vous donc mercredi, 26, à neuf heures du matin, à la station du chemin de fer de Quiévrain. *Notre arme est l'épée.*

Si vous n'acceptez pas cette dernière proposition, nous déclarons nous refuser positivement à toute explication ultérieure.

Signé : G. DE FÉNÉROLS, CH. CORDIER, B. DOYEN, DELCOURT-DÉCAUDIN.

Cambrai, 24 février 1851.

Les considérations que nous avons fait valoir plus haut nous paraissent expliquer suffisamment les motifs qui nous avaient fait fixer à dimanche la rencontre qu'on nous proposait. Les affaires d'honneur, — nous le savons, — se règlent sans délai; mais, dans l'espèce, une remise n'était-elle pas impérieusement indispensable à la manifestation de la vérité?

Nous étions pressé de répondre à l'insistance que nous marquait la lettre ci-dessus pour obtenir que le duel fût immédiat;— d'autre part le silence gardé par M. le colonel Minangoy, — en présence de la lettre de M. Lefrancq, — nous a fait comprendre que le terme que nous avions d'abord fixé pour la rencontre pourrait être rapproché.

En conséquence, la correspondance reprit ainsi qu'il suit :

A Messieurs les témoins de M. Minangoy.

MESSIEURS,

Bien que, dans l'intérêt de la vérité, qu'il poursuivait, M. Charles Pety ait toujours cru qu'en cette circonstance il ne pouvait accepter de duel qu'après que la polémique aurait complétement édifié le public sur la grave accusation qui pèse sur M. le colonel Minangoy, puisque vous désirez qu'il en soit autrement, nous venons, au nom de M. Pety, vous informer qu'il accepte toutes vos conditions, moins celle relative à l'arme. En vertu du droit que lui donne la qualité d'*appelé*, de *provoqué*, M. Pety choisit le pistolet.

Demain, à dix heures du matin, deux d'entre nous attendront sur la place de Valenciennes deux des témoins de M. Minangoy, pour nous procurer les pistolets.

Signé : LENGLET, BAULARD, LEFEBVRE-LEJEUNE, CHANTREUIL.

Cambrai, 25 février 1851.

A Messieurs les témoins de M. Pety.

Notre lettre d'hier vous porte notre ultimatum, nous nous en tenons à son contenu et n'y changeons rien.

Veuillez nous faire savoir, avant trois heures, si, oui ou non, vous l'acceptez ; passé ce délai, nous nous refusons à toute nouvelle correspondance, cette affaire devant avoir un terme.

Recevez, Messieurs, nos salutations.

Signé : CH. CORDIER, DELCOURT-DÉCAUDIN, B. DOYEN, G. DE FÉNÉROLS.

Cambrai, le 25 février 1851.

A MM. les témoins de M. le colonel Minangoy.

Messieurs,

Votre lettre de ce jour a été remise chez M. Lenglet à une heure trois quarts ; les quatre témoins de M. Charles Pety, dont plusieurs ont des occupations pressantes, n'ont pu être réunis qu'à trois heures et demie ; nous n'avons donc pu vous donner notre réponse dans le délai excessivement court que vous nous avez fixé : nous espérons que vous n'y verrez pas une raison suffisante de refuser notre nouvelle correspondance.

Comme nous vous l'avons démontré déjà plusieurs fois, M. le colonel Minangoy a pris l'initiative de l'offense ; en affaire d'honneur, c'est l'offensé qui a le choix des armes, et cependant vous nous imposez l'épée ! Est-ce juste ?

Y eût-il, dans le cas présent, parité d'offense, ce que nous n'admettons nullement, d'après tous les usages qui règlent les affaires d'honneur, le choix des armes devrait être abandonné aux chances du sort ; dans cette hypothèse encore, vous ne pourriez nous imposer l'épée.

Il y a plus, Messieurs, dans l'un ou l'autre cas que nous venons de supposer, si les témoins des deux parties adverses viennent à reconnaître la grande supériorité de l'un des adversaires dans le maniement de l'arme qui aurait été choisie, ou tirée au sort, la justice et l'humanité leur font un devoir de préférer l'arme qui égalise le mieux les chances. Toujours, en de pareilles circonstances, les témoins ont cru devoir s'imposer ces règles de conduite dictées par la loyauté et par le véritable honneur.

Ceci posé, nous sommes en droit de vous demander, Messieurs, si c'est bien sérieusement que vous avez voulu que M. le colonel Minangoy, qui, depuis plus de trente ans, porte l'épée et doit savoir la manier avec habileté, vînt imposer un duel à l'épée à M. Charles Pety, qui, de sa vie, n'a manié cette arme. Nous vous le déclarons hautement, nous ne pouvons souscrire à de pareilles conditions : nous avons accepté et nous acceptons encore une affaire d'honneur, et non un assassinat. C'est pour nous soustraire à cette affreuse responsabilité que nous avons, suivant notre droit, proposé et que nous proposons encore le pistolet comme l'arme avec laquelle il est possible de mieux égaliser les chances du combat.

Agréez, Messieurs, nos salutations.

Signé : Lenglet, Baulard. Chantreuil
et Lefebvre-Lejeune.

Cambrai, le 25 février 1851.

Cette lettre fut envoyée, vers cinq heures et demie, à M. Cordier ; elle fut refusée. Afin de la faire parvenir plus sûrement, elle fut remise sous une nouvelle enveloppe et adressée à M. Minangoy lui-même. Dans la soirée, elle était renvoyée à M. Lenglet.

Maintenant, qu'avons-nous à ajouter ? De l'ensemble des faits que nous venons de résumer et de la lecture de la correspondance qui précède, ne résulte-t-il pas manifestement :

Que M. le colonel Minangoy, le premier, a eu recours à l'offense ;

Que M. le colonel Minangoy, le premier, nous a provoqué ;

Que cependant, contrairement à toutes les règles, à l'usage, à la justice même, M. le colonel Minangoy a voulu nous imposer son arme ;

Que M. le colonel Minangoy, — qui ne peut avoir eu la pensée, en nous imposant *exclusivement son arme*, de s'assurer une victoire facile dans un combat inégal, a voulu, par conséquent, rendre inacceptable et impossible le duel qu'il nous proposait ;

Que M. le colonel Minangoy, — eussions-nous eu la faiblesse de sacrifier notre droit, nous qui n'avions ici aucune vengeance à satisfaire,

Que M. le colonel Minangoy, — en nous imposant l'obligation de répondre dans le délai d'une heure, délai insuffisant pour réunir nos quatre témoins et rédiger notre réponse, — s'attachant ainsi à accumuler impossibilités sur impossibilités, — a démontré jusqu'à la dernière évidence qu'il ne voulait pas de combat ?

Amis et adversaires politiques, voilà la vérité, la vérité tout entière. — Jugez-nous. Beaucoup d'entre vous, nous le savons, n'ont pas même pris garde aux niaiseries ridicules que nos ennemis se sont plu à répandre ; — car vous nous connaissez. Cependant, nous avons cru nécessaire de livrer au grand jour de la publicité tous les détails de cette affaire, afin que tous pussent l'apprécier et la juger en connaissance de cause. Il est, du reste, telle position où un homme ne peut laisser sans réponse une accusation, un soupçon, un doute ; nous, journaliste, entouré de la confiance de nos amis, nous, l'organe du parti républicain, pouvions-nous rester silencieux en présence des insinuations perfides et des propos mensongers que colportent certains de nos adversaires ? En cette circonstance, — comme toujours, — le mobile de notre conduite a été de remplir notre devoir et de faire respecter notre droit. — Les faits sont connus. — Que nos concitoyens nous jugent.

Charles PETY,
Rédacteur de *l'Echo de Cambrai*.

Cambrai, 27 février 1851.

Le jour où se terminait cet incident, et à l'heure même où M. Minangoy envoyait son ultimatum pressant à M. Charles Pety, M. Alfred Leroy (fils de M. Henri Leroy, avocat et cousin du colonel) se rendait, accompagné de deux témoins, chez M. Lefrancq, pour lui proposer, dans le cas où un duel aurait lieu entre M. Minangoy et M. Charles Pety, de faire la partie carrée, au même lieu, à la même heure, aux mêmes conditions, avec les mêmes armes,— armes choisies par ces Messieurs, comme on l'a vu.

M. Lefrancq était sommé de répondre sans explication aucune, sans observation d'aucune sorte, par un seul mot : Oui ou Non.

M. Lefrancq répondit Oui. Il ne mit à son acceptation qu'une condition bien simple, c'est que la proposition qui venait de lui être faite verbalement serait adressée par écrit à ses témoins, s'engageant, de son côté, à envoyer aussi écrite sa réponse consistant en un seul mot. C'était le moyen d'empêcher les faits d'être dénaturés par la malveillance et l'esprit de parti, après le combat, quelle qu'en fût l'issue. Il importait en effet à M. Lefrancq, s'il succombait, de ne laisser à ses amis et à sa famille aucun doute sur la position qui lui était faite par des ennemis prêts à invoquer un vain préjugé s'il refusait leur défi.

Mais la raison qui empêcha la rencontre entre M. le colonel Minangoy et M. Charles Pety rendit aussi la *partie carrée* impossible.

Résumons, en terminant, les points saillants de toute cette affaire.

M. Lefrancq est victime d'une dénonciation politique cachant une rancune particulière : quelques-uns de ses amis proposent au conseil municipal d'intervenir pour empêcher l'injustice de se consommer. M. le sous-préfet Villemain défend au maire, M. Petit-Courtin, de porter cette question à l'ordre du jour, et dénie au conseil le droit d'émettre un vœu sur une affaire, selon lui, purement administrative.

La presse alors prend en main la cause de la vérite et veut rendre évidente et palpable l'injustice en traduisant le coupable au tribunal de l'opinion. M. Minangoy, au nom de son épée, prétend imposer silence à la presse dans la personne de M. Charles Pety.

M. Charles Pety, pris à parti, n'en publie pas moins la réponse de M. Lefrancq à son délateur. Alors M. Alfred Leroy somme M. Lefrancq, qui a perdu sa position et vingt-cinq ans de services par le fait de M. Minangoy, de livrer sa vie aux chances d'un combat singulier dont les conditions, encore ignorées, lui sont imposées d'avance.

Elle était donc bien odieuse, cette délation, puisqu'il fallait user de pareils moyens pour couvrir ou étouffer la voix de la vérité.

L. LEFRANCQ.

Le Quesnoy. — V. Préseau, Imprimeur de la Sous-Préfecture.

www.ingramcontent.com/pod-product-compliance
Lightning Source LLC
Chambersburg PA
CBHW060551050426
42451CB00011B/1852